GUIDE PRATIQUE

ES OBLIGATIONS IMPOSÉES PAR LA LOI

sur

LE REPOS HEBDOMADAIRE

ET LES DECRETS

des 24 Août 1906 - 13 Juillet et 14 Août 1907 - 16 Mars 1908.

DROITS ET DEVOIRS

DES EMPLOYES ET DES PATRONS

Par

FRANC BACQUIE

Officier d'Académie

Inspecteur du Travail à Bourges

PRIX : 0 fr. 50

BOURGES

Imprimerie J. FOUCRIER, 1 et 3, Place Berry

Août 1908

GUIDE PRATIQUE

DES OBLIGATIONS IMPOSÉES PAR LA LOI

sur

LE REPOS HEBDOMADAIRE

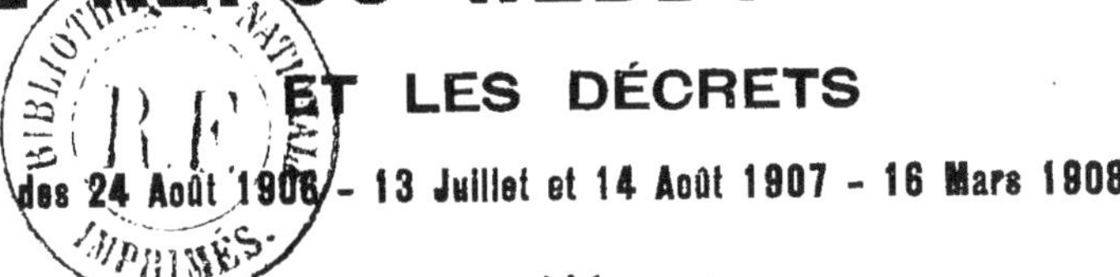

ET LES DÉCRETS

des 24 Août 1906 - 13 Juillet et 14 Août 1907 - 16 Mars 1908

DROITS ET DEVOIRS

DES EMPLOYÉS ET DES PATRONS

Par

FRANC BACQUIÉ

Officier d'Académie

Inspecteur du Travail à Bourges

PRIX : 0 fr. 50

BOURGES

Imprimerie J. FOUCRIER, 1 et 3, Place Berry

Août 1908

AVANT-PROPOS

La Loi sur le Repos hebdomadaire, impatiemment attendue par le monde du travail, a été votée le 10 Juillet 1906 par 575 voix contre 1 et promulguée le 13 du même mois ; les divers règlements d'administration publique prévus pour son exécution ont été rendus les 24 Août 1906, 13 Juillet 1907, 14 Août 1907 et 16 Mars 1908. La loi est donc actuellement à peu près complète, puisqu'il ne reste plus à régler que le repos des spécialistes occupés dans les usines à feu continu, règlement prévu par le dernier paragraphe de l'article 3 de la loi.

Au cours de nos visites de service, nous nous sommes rendu compte que beaucoup de patrons, pleins de bonne volonté, se trouvaient gênés par l'application de la loi, faute d'en connaître les diverses dérogations et le mécanisme de leur emploi. La cause de cette ignorance est facile à trouver : certains patrons absorbés par les soucis de leur entreprise n'ont pas toujours des loisirs suffisants pour étudier les diverses modalités de la loi, tandis que d'autres n'ont pas la compétence nécessaire pour compulser les différents textes disséminés dans le code, saisir les avantages particuliers de chaque mode de repos et définir les obligations que chaque système entraîne avec lui.

Les dérogations sont, en effet, nombreuses et diverses ; le Parlement a eu soin, tout en édictant des obligations formelles, d'incorporer dans le texte des exceptions de droit ou de fait qui permettent à chacun d'employer le système de repos le plus favorable aux intérêts de son établissement. Pour pouvoir profiter de ces dérogations, il est non seulement indispensable de les connaître, mais il faut aussi connaître les formalités à remplir pour les utiliser. C'est le but que nous nous sommes efforcés d'atteindre en publiant cet ouvrage.

Nous avons tâché de rester à la portée de tous, en le rédigeant aussi clairement et aussi succinctement que possible, nous avons évité les explications et les commentaires qui auraient surchargé le texte au dépens de sa clarté, et nous pensons ainsi pouvoir être utile à tous ceux — et ils sont nombreux — qui sont soumis aux obligations de la loi du 13 Juillet 1906, et des décrets rendus pour son exécution.

CHAPITRE PREMIER

JOURS ET DURÉE DU REPOS HEBDOMADAIRE

Obligations imposées par la loi

La loi interdit d'occuper plus de **six** jours par semaine un même employé ou ouvrier.

Le repos hebdomadaire doit avoir une durée minima de **vingt-quatre heures consécutives** et doit être **obligatoirement donné le Dimanche,** de minuit à minuit, sauf exception légale ou autorisation.

Quels sont les Etablissements soumis à la loi ?

Est soumis à la loi tout établissement **industriel ou commercial** et ses dépendances, de quelque nature qu'il soit, public ou privé, laïque ou religieux, même s'il a un caractère d'enseignement professionnel ou de bienfaisance.

Il s'en suit que toute personne employée dans un établissement industriel ou commercial doit avoir un jour de repos tout entier le Dimanche.

La loi n'est pas applicable aux ouvriers et employés des entreprises de transports par eau, ni à ceux des chemins de fer. Elle ne s'applique pas non plus aux travaux agricoles, aux services domestiques et au personnel des professions libérales (clercs de notaires, acteurs, personnel enseignant et surveillant des établissements d'enseignement, journalistes, etc., etc.).

Membres de la Famille

La loi n'excepte de ses obligations que la femme et les enfants du patron. Les autres parents doivent bénéficier du repos hebdomadaire à moins qu'ils ne soient légalement associés.

Gérants de Succursales ou Magasins

Les gérants ne sont pas soumis à la loi lorsqu'ils sont réellement directeurs des succursales et qu'ils ont le personnel à leur charge.

Ils sont par contre soumis à la loi lorsqu'ils ne sont que surveillants ou contremaîtres sous l'autorité du Directeur de l'Etablissement.

Le repos peut-il être donné d'une autre manière que le Dimanche de minuit à minuit?

Le repos peut être donné :

a) Un autre jour que le dimanche de minuit à minuit ;
b) Du dimanche midi au lundi midi;
c) Le dimanche après-midi avec un repos compensateur d'une journée par quinzaine;
d) Par roulement à tout ou partie du personnel.

Pour pouvoir donner le repos autrement que le dimanche de minuit à minuit, il est nécessaire d'avoir **obtenu une autorisation.**

Formalités à remplir pour obtenir l'autorisation de donner le repos d'une autre manière que le Dimanche de minuit à minuit

Il faut adresser une demande au Préfet du département, sur une feuille de papier timbré à 0 fr. 60, et établir que le repos simultané, le dimanche, de tout le personnel de l'établissement serait préjudiciable au public ou compromettrait le fonctionnement normal de cet établissement. Nous extrayons, pour l'édification des intéressés, les lignes suivantes de la circulaire adressée le 20 juillet 1906 aux Préfets par le Ministre du Commerce :

« Les demandes devront indiquer les raisons qui peuvent « être invoquées par les pétitionnaires à l'appui de la dérogation

« spéciale qu'ils sollicitent et tout d'abord les graves difficultés « que rencontrerait dans leur établissement l'application de la « règle commune du repos du dimanche. Ils devront prouver la « nécessité pour le public de trouver leur établissement ouvert « le dimanche, ou l'impossibilité, pour la catégorie d'établisse- « ments dont ils font partie, de fonctionner normalement en « fixant ce jour de repos à leur personnel. Il ne s'agit point ici, « vous le comprendrez, de pures préférences ou de simples « commodités tendant à faire échec aux intentions formelles du « législateur, mais d'inconvénients graves, dont l'appréciation « vous appartient, sous la réserve du droit d'appel des inté- « ressés. »

Les demandes pourront être rédigées de la manière suivante :

Monsieur le Préfet,

J'ai l'honneur de solliciter l'autorisation, par application de l'article 2 paragraphe 2o de la loi du 13 Juillet 1906, de donner le repos à mon personnel de la manière suivante. (*Indiquer ici le mode de repos choisi.*)

La fermeture de mon établissement le dimanche me serait très préjudiciable à cause de (*Indiquer ici les raisons qui doivent justifier la demande, genre de clientèle, genre de commerce s'exerçant principalement le dimanche, marché se tenant le dimanche matin, etc., etc.*).

Dans l'espoir que vous voudrez bien donner satisfaction à ma demande, veuillez agréer, etc.

(SIGNATURE.)

Saisi de cette demande, le Préfet devra demander d'urgence les avis du Conseil municipal, de la Chambre de Commerce de la région et des Syndicats patronaux et ouvriers de la commune.

Ces avis devront être donnés dans le délai d'un mois et le Préfet statuera ensuite par un arrêté motivé qu'il notifiera dans la huitaine.

Le pétitionnaire qui n'obtient pas satisfaction peut faire appel de la décision du Préfet devant le Conseil d'Etat. Le délai d'appel est de 15 jours après la notification.

Cet appel peut être interjeté sans l'intermédiaire d'un avocat (décret du 22 juillet 1806) et doit être jugé sans autres frais que les droits de timbre et d'enregistrement (décret du 2 novembre 1864).

Lorsqu'un établissement aura obtenu une autorisation de donner le repos d'une autre manière que le Dimanche de minuit à minuit, la même autorisation ne pourra pas être refusée aux établissements de la même ville faisant le même genre d'affaires et s'adressant à la même clientèle. Il est cependant indispensable de faire une demande, dans la forme prévue ci-dessus.

Etablissements ayant le droit de donner le repos d'une autre manière que le Dimanche de minuit à minuit sans demander une autorisation

Ces établissements, énumérés par l'article 3 de la loi, sont les suivants :

1° Fabrication de produits alimentaires destinés à la consommation immédiate. (Bien remarquer qu'il s'agit uniquement de la *fabrication* et non pas de la **vente**).

2° Hôtels, restaurants et débits de boissons;

3° Débits de tabac et magasins de fleurs naturelles;

4° Hôpitaux, hospices, asiles, maisons de retraite et d'aliénés, dispensaires, maisons de santé, pharmacies, drogueries, magasins d'appareils médicaux et chirurgicaux;

5° Etablissements de bains;

6° Entreprises de journaux, d'informations et de spectacles, musées et expositions;

7° Entreprises de locations de livres, de chaises, de moyens de locomotion ;

8° Entreprises d'éclairage et de distribution d'eau et de force motrice ;

9° Entreprises de transport par terre autres que les chemins de fer, travaux de chargement et de déchargement dans les ports, débarcadères et stations.

En outre, le décret du 14 août 1907 a donné le même droit aux établissements énumérés ci-après pour tout ou partie des travaux effectués dans ces établissements :

ÉTABLISSEMENTS	TRAVAUX
Abattoirs.	
Accumulateurs électriques (Fabriques d')...	Formation des plaques et surveillance des fours de fusion du plomb.
Acide azotique monohydraté (Fabriques d').	
Acide carbonique liquide (Fabriques d').	
Acide chlorhydrique (Fabriques d').	
Acides résiduels de la fabrication des produits nitrés (Etablissements traitant les).	
Acide sulfurique (Fabriques d').	
Agglomérés de charbon (Fabriques d').	
Air comprimé (Chantiers de travaux à l')....	Production et soufflage de l'air comprimé.
Alcools (voir *Distillation*).	
Amidonneries..............................	Opérations de séchage et de décantation.
Ammoniaque liquide (Fabriques d').	
Arrosage, balayage, nettoyage et enlèvement des ordures ménagères (Entreprises d').	
Banques et établissements de crédit.........	Service de garde.
Beurreries industrielles.....................	Traitement du lait.
Bioxyde de baryum (Fabriques de).	
Bleu d'outremer (Fabriques de)............	Conduite des fours.
Bougies (Fabriques de)......................	Préparation des acides gras.
Boyauderies, triperies, cordes à boyau (Fabriques de).	
Brasseries (Fabriques de bière).	
Cabinets publics d'aisance et de toilette.	
Câbles électriques (Fabriques de)..........	Travaux d'isolation et conduite des étuves.
Caisses d'épargne.	
Camphre (Fabriques de)....................	Raffinage.
Carbure de calcium (Fabriques de) [Voir : *Four électrique*.]	
Caséine (Fabriques de).	
Celluloïd (Fabriques de).	

ÉTABLISSEMENTS	TRAVAUX
Céramique (industrie)	Séchage des produits et conduite des fours.
Chamoiseries	Traitement des peaux fraîches.
Chauffage (Entreprises de).	
Chaux, ciments, plâtres (Fabriques de)	Conduite des fours.
Chlore et produits dérivés (Fabriques de).	
Chlorhydrate d'ammoniaque (Fabriques de).	Sublimation.
Coke (Fabriques de)	Conduite des fours.
Colles et gélatines (Fabriques de)	Traitement des matières premières, conduite des autoclaves et des séchoirs.
Conserves alimentaires (Fabriques de).	
Corps gras (Industries de l'extraction des).	
Corroiries	Travaux de séchage.
Cossettes de chicorée (Sécherie de)	Conduite des fours.
Cuirs vernis (Fabriques de)	Conduite des étuves.
Cyanures alcalins (Fabriques de).	
Délainage des peaux de moutons (Industrie du)	Travaux d'étuvage.
Désinfection (Entreprises de).	
Distillation du bois (Usines de)	Conduite des fours et appareils.
Distillation et rectification des produits de la fermentation alcoolique (Usines de).	
Dolomie (Etablissements traitant la)	Conduite des fours.
Dynamite (Fabriques de).	
Eau oxygénée (Fabriques d').	
Electricité (Fabrique de charbons pour l')	Cuisson des charbons.
Electrolyse de l'eau (Etablissements pratiquant l')	Conduite des appareils.
Engrais animaux (Fabriques d')	Transport et traitement des matières.
Equarrissage (Entreprises d').	
Etablissements industriels et commerciaux	Service de transport pour livraisons. Service préventif contre l'incendie. Soins aux chevaux et animaux de trait. Travaux de désinfection.

ÉTABLISSEMENTS	TRAVAUX
Ether (Fabriques d').	
Expédition, transit et emballage (Entreprises d').	
Extraits tannants et tinctoriaux (Fabriques d')	
Fécule (Fabriques de).	
Fer et fonte émaillés (Usines de)...........	Service des fours de fabrication.
Feutre pour papeterie (Fabriques de).......	Conduite des foulons.
Fleurs naturelles (Etablissements de commerce en gros des).	
Fours électriques (Etablissements employant les)................................	Travaux effectués à l'aide des fours électriques.
Froid (Usines de production du).	
Fromageries industrielles.	
Galvanisation et étamage du fer (Etablissements pratiquant la).	Conduite des fours.
Garages................................	Service du garage. — Réparations urgentes de véhicules.
Glace (Fabriques de).	
Glaces (Fabriques de).....................	Fabrication et doucissage des glaces.
Goudron (Usines de distillation du).	
Huiles de schiste (Usines de distillation des)	
Hydrauliques (Etablissements utilisant les forces)...............................	Opérations commandées par les forces hydrauliques.
Indigo (Teintureries à l').	
Iode (Fabriques d').	
Kaolin (Etablissements de préparation du)..	Service des fours.
Lait (Etablissements industriels pour le traitement du).	
Laminoirs et tréfileries de tous métaux.	
Levure (Fabriques de).	
Litharge (Fabriques de)..................	Service des fours.
Machines agricoles (Atelier de réparation de)	Réparations urgentes de machines agricoles.

ÉTABLISSEMENTS	TRAVAUX
Malteries..................................	Opérations de maltage.
Marée (Etablissements faisant le commerce de la).	
Margarine (Fabriques de).	
Maroquineries (voir *Mégisseries*).	
Matières colorantes artificielles dérivées du goudron de houille (Fabriques de).	
Mégisseries et maroquineries..............	Mise à l'eau des peaux, levage des pelains et des confits, conduite des étuves.
Métaux (Usines de production des).	
Minium (Fabriques de)....................	Service des fours.
Minoterie et meunerie.	
Moulins à vent.	
Noir animal (Fabriques de)................	Conduite des fours de cuisson.
Noir d'aniline (Fabriques de)..............	Conduite de l'oxydation dans la teinture.
Noir minéral (Fabriques de).	
Oxyde de zinc (Fabriques de).	
Paille pour chapeaux (Fabriques de)........	Blanchiment de la paille
Papier, carton et pâtes à papier (Fabriques de)	
Parfumeries................................	Extraction du parfum des fleurs.
Pelleteries (Ateliers de)..................	Mouillage des peaux.
Pétrole (Raffineries de)......	Service des appareils de distillation et des appareils à paraffiner.
Phosphore (Fabriques de).	
Photographie (Ateliers de).................	Prise des clichés.
Plaques, papiers et pellicules sensibles pour la photographie (Fabriques de).	
Plumes métalliques (Fabriques de)..........	Service des fours.
Poissons (Ateliers de salage, saurage et séchage des).	

ÉTABLISSEMENTS	TRAVAUX
Pompes funèbres (Entreprises de).	
Produits chimiques organiques par voie de synthèse (Fabriques de).	
Pruneaux (Fabriques de)...................	Etuvage des prunes.
Salines et raffineries de sel................	Conduite des chaudières et des appareils d'évaporation.
Savonneries.	
Sécheries de bois d'ébénisterie..............	Conduite des feux et de la ventilation.
Sels ammoniacaux (Fabriques de)...........	Conduite des appareils.
Silicates de soude et de potasse (Fabriques de)	
Soude (Fabriques de).	
Soufre (Fabriques de)......................	Service des fours et sublimation du soufre.
Sucreries..................................	Fabrication et raffinage.
Suifs (Fonderies de).......................	Réception et traitement par l'acide ou le bain-marie.
Sulfates métalliques (Fabriques de).........	Conduite des appareils.
Sulfate de soude (Fabriques de).	
Sulfure de carbone (Fabriques de).	
Superphosphates (Fabriques de).	
Tanneries..................................	Salage des cuirs frais, dessalage des cuirs, levage des pelains et des premières cuves de basserie.
Triperies (voir *Boyauderies*).	
Toiles cirées (Fabriques de)................	Service des séchoirs et étuves.
Véhicules (Ateliers de réparations)..........	Réparations urgentes.
Verreries et cristalleries....................	Service des fours.
Vinaigre (Fabriques de).	
Viscose (Fabriques de).	

Sont admis aussi à donner le repos par roulement les établissements qui, fonctionnant de jour et de nuit à l'aide d'équipes alternantes, auront suspendu les travaux pendant douze heures consécutives au moins chaque dimanche.

Sont exceptés de cette suspension, les travaux urgents dont l'exécution immédiate est nécessaire pour organiser des mesures de sauvetage, pour prévenir des accidents imminents ou réparer des accidents survenus au matériel, aux installations ou aux bâtiments de l'établissement.

Sont exceptés de même les travaux des personnes employées à la conduite des générateurs et des machines motrices, au graissage et à la visite des transmissions, au nettoyage des locaux industriels, magasins ou bureaux, ainsi que les gardiens et concierges.

Etablissements de vente de denrées alimentaires au détail

Les établissements de vente de denrées alimentaires au détail ont le droit de donner le repos le **dimanche après-midi seulement,** à la condition de donner en outre **une autre après-midi par semaine** aux employés âgés de moins de 21 ans et logés par leurs patrons et **une journée entière par quinzaine** aux autres employés.

Ce mode de repos constituant un roulement, les chefs d'entreprise qui veulent en bénéficier sont soumis aux obligations de la tenue du registre (voir page 24).

Etablissements occupant moins de cinq ouvriers ou employés

Les établissements occupant moins de 5 ouvriers ou employés, *qui sont déjà admis à donner le repos par roulement* (soit de droit, soit par autorisation préfectorale), peuvent remplacer le repos d'une journée par semaine par **deux demi-journées.** Il faut que les deux demi-journées accordées en remplacement représentent ensemble la durée d'une journée complète de travail.

Les dispositions qui précèdent ne concernent que les hommes adultes et *ne sont pas applicables aux enfants de moins de 18 ans ni aux filles et femmes de tout âge.*

CHAPITRE DEUXIÈME

SUPPRESSION OU RÉDUCTION DU REPOS HEBDOMADAIRE

Suppression

Le repos hebdomadaire peut être supprimé dans les cas suivants :

TRAVAUX URGENTS

En cas de travaux urgents, dont l'exécution immédiate est nécessaire pour organiser des mesures de sauvetage, pour prévenir des accidents imminents ou réparer des accidents survenus au matériel, aux installations et aux bâtiments de l'établissement.

Cette faculté de suppression s'applique aussi aux ouvriers d'une seconde entreprise faisant les réparations pour le compte de la première. Dans cette seconde entreprise, chaque ouvrier devra jouir d'un repos compensateur d'une durée égale au repos supprimé.

Cette suppression n'est pas applicable aux enfants de moins de 18 ans et aux filles mineures.

Pour avoir le droit de supprimer le repos dans le cas ci-dessus, il faut remplir les formalités suivantes :

1° Aviser l'Inspecteur du Travail *avant le commencement des travaux* et lui faire connaître les circonstances qui justifient la suppression du repos, la date et la durée de cette suppression, le nombre d'ouvriers et d'employés auxquels elle s'applique. (Si les travaux sont faits par une entreprise distincte, il faut indiquer la date du jour de repos compensateur) ;

Modèle de la lettre d'avis

Monsieur l'Inspecteur du Travail à ....

J'ai l'honneur de vous informer que par application de l'article 4 de la loi du 13 Juillet 1906 je supprimerai le repos hebdomadaire le ...... *(indiquer la date)*.

Cette suppression s'applique à .... ouvriers adultes et est motivée par les circonstances suivantes : ....

Le repos compensateur sera donné le ....

Veuillez agréer, etc., etc.

(SIGNATURE.)

2° Afficher dans un endroit apparent de l'établissement une copie de l'avis adressé à l'Inspecteur du Travail.

JOURS DE FÊTE LOCALE OU DE QUARTIER

Les jours de fête locale ou de quartier, le repos hebdomadaire peut être supprimé dans les établissements où s'exerce un **commerce de détail** et donnant le repos le dimanche à leur personnel.

Cette suppression n'est autorisée que si elle a fait l'objet d'un arrêté municipal pris spécialement à cet effet. Les intéressés feront bien, à l'approche d'un jour de fête, de prévenir le maire de leur commune afin qu'il prenne l'arrêté nécessaire en temps utile. Cette facilité peut être accordée 5 à 6 fois par an environ.

CHOMAGE PAR SUITE D'INTEMPÉRIES

Dans toutes les catégories d'entreprises où les intempéries déterminent des chômages, les repos forcés viennent, au cours de chaque mois, *en déduction des jours de repos hebdomadaire.*

Les industries qui peuvent bénéficier de cette dérogation, pour les enfants de moins de 18 ans et les femmes, sont les suivantes :

Bateaux de rivière (Travaux extérieurs de construction et de réparation des).

Bâtiment (Travaux extérieurs dans les chantiers de l'industrie du).

Briqueteries en plein air.

Conserves de fruits, de légumes et de poissons.

Corderies en plein air.

En ce qui concerne les *hommes adultes*, le bénéfice de cette facilité s'étend à toutes les industries où les intempéries déterminent des chômages.

Pour avoir le droit de supprimer le repos dans le cas ci-dessus, il faut :

1° Prévenir le jour même du chômage l'Inspecteur du Travail en lui indiquant le nombre des personnes qui ont chômé ;

Modèle de la lettre d'avis

Monsieur l'Inspecteur du Travail à ....

J'ai l'honneur de vous informer que par suite du mauvais temps qu'il a fait aujourd'hui, les ouvriers de mon établissement au nombre de .... n'ont pas pu travailler.

Veuillez agréer, etc.

(DATE ET SIGNATURE)

2° Faire connaître à l'Inspecteur, la veille au plus tard, les jours où le repos hebdomadaire sera supprimé en compensation du chômage.

Modèle de la lettre d'avis

Monsieur l'Inspecteur du Travail à ....

J'ai l'honneur de vous informer que pour compenser le chômage de .... ouvriers qui n'ont pu travailler le ...., je supprime le repos hebdomadaire le ....

Veuillez agréer, etc.

(SIGNATURE.)

INDUSTRIES DE PLEIN AIR — INDUSTRIES NE TRAVAILLANT QU'A CERTAINES ÉPOQUES DE L'ANNÉE

Les industries de plein air et celles qui ne travaillent qu'à certaines époques de l'année peuvent supprimer le repos hebdomadaire **quinze fois par an.** (1)

Cette dérogation ne concerne que les *hommes adultes*, elle n'est accordée pour les enfants de moins de 18 ans et les femmes que dans les industries ci-après :

1° Comme industries de plein air :

Bateaux de rivière (travaux extérieurs de construction et de réparation des);

Bâtiment (travaux extérieurs dans les chantiers de l'industrie du);

Briqueteries en plein air ;

Corderies en plein air;

(1) Bien remarquer qu'il n'est question que des industries et que le bénéfice de cette suppression n'est pas applicable au commerce.

2° A la condition qu'elles ne travaillent qu'à certaines époques de l'année :

Conserves de fruits, de légumes et de poissons;
Hôtels, restaurants, traiteurs et rôtisseurs;
Etablissements de bains des stations balnéaires, thermales ou climatériques.

Pour avoir le droit de bénéficier de la dérogation ci-dessus, il faut :

1° Aviser immédiatement et sauf le cas de force majeure avant le commencement du travail, l'Inspecteur du Travail, en lui faisant connaître les circonstances qui justifient la suppression du repos hebdomadaire, la date et la durée de cette suppression et le nombre d'employés ou d'ouvriers auxquels elle s'applique;

Modèle de la lettre d'avis

Monsieur l'Inspecteur du Travail à ....

Par application de l'article 6, paragraphe 2, de la loi du 13 Juillet 1906, j'ai l'honneur de vous informer que je supprime le repos hebdomadaire le .... à (*nombre*) ouvriers pour la cause suivante : (*Indiquer ici s'il s'agit d'une industrie de plein air ou d'une industrie ne travaillant qu'à certaines époques de l'année*).

Veuillez agréer, etc.

(SIGNATURE.)

2° Afficher dans un endroit apparent de l'établissement la copie de l'avis adressé à l'Inspecteur du Travail. Cette affiche doit être maintenue pendant toute la durée de la dérogation.

INDUSTRIES QUI EMPLOIENT DES MATIÈRES PÉRISSABLES. INDUSTRIES QUI ONT A RÉPONDRE A CERTAINS MOMENTS A UN SURCROIT EXTRAORDINAIRE DE TRAVAIL.

Les industries énumérées ci-dessous peuvent suspendre le repos hebdomadaire **quinze fois par an,** lorsqu'elles *ont fixé le repos au même jour pour tout le personnel,* à la condition qu'il soit réservé à chaque employé ou ouvrier **deux jours au moins de repos par mois** (1).

Le bénéfice de cette dérogation s'étend, en ce qui concerne les hommes adultes, à toutes les industries employant des matières périssables ou pouvant justifier qu'elles ont à répondre à un surcroît extraordinaire de travail.

(1) Bien remarquer qu'il ne s'agit que d'industries et non de commerces. (à titre d'exemple, les coiffeurs, boulangers, bouchers, etc., etc., ne peuvent pas en bénéficier).

Cette dérogation ne s'applique aux enfants de moins de 18 ans et aux femmes que dans les industries suivantes :

Ameublement, tapisserie, passementerie pour meubles;
Appareils orthopédiques;
Balnéaires (établissements);
Bijouterie et joaillerie;
Biscuits employant le beurre frais (fabriques de);
Blanchisserie de linge fin;
Boîtes de conserves (fabrication et imprimerie sur métaux pour);
Bonneterie fine;
Boulangeries;
Brochage des imprimés;
Broderie et passementerie pour confections;
Cartons (fabriques de) pour jouets, bonbons, cartes de visite, rubans;
Chapeaux et casquettes (fabrication et confection de) en toutes matières pour hommes et pour femmes;
Charcuteries;
Chaussures (confection de);
Colle et gélatine (fabrication de);
Coloriage au patron ou à la main;
Confections, couture, lingerie pour hommes, femmes et enfants;
Confections pour hommes;
Confections en fourrures;
Conserves de fruits et confiserie, conserves de légumes et de poissons;
Corsets (confection de);
Couronnes funéraires (fabriques de);
Délainage des peaux de mouton (industrie du);
Dorure pour ameublement;
Dorure pour encadrements;
Filature, retordage de fils crêpés, bouclés et à boutons, de fils moulinés et multicolores;
Fleurs (Extraction des parfums des);
Fleurs et plumes;
Gainerie;
Hôtels, restaurants, traiteurs et rôtisseurs;
Impression de la laine peignée, blanchissage, teinture et impression des fils de laine, de coton et de soie destinés au tissage des étoffes de nouveautés;
Imprimeries typographiques;
Imprimeries lithographiques;

Imprimeries en taille douce;

Jouets, bimbeloterie, petite tabletterie et articles de Paris (fabriques de);

Laiteries, beurreries et fromageries industrielles;

Orfèvrerie (polissage, dorure, gravure, ciselage, guillochage et planage en);

Papier (transformation du), fabrication des enveloppes, du cartonnage, des cahiers d'école, des registres, des papiers de fantaisie;

Papiers de tenture;

Parfumerie;

Pâtisseries;

Porcelaine (ateliers de décors sur);

Reliure;

Réparations urgentes de navires et de machines motrices;

Soie (dévidage de la soie) pour étoffes de nouveautés;

Teinture, apprêt, blanchiment, impression, gaufrage et moirage des étoffes;

Tissage des étoffes de nouveautés destinées à l'habillement;

Tulles, dentelles et laizes de soie;

Voiles des navires armés pour la grande pêche (confection et réparation des).

Pour avoir le droit de supprimer le repos hebdomadaire quinze fois par an dans les conditions ci-dessus, il faut:

1° Aviser immédiatement et, sauf le cas de force majeure, avant le commencement du travail, l'Inspecteur du Travail, en lui faisant connaître les circonstances qui justifient la suppression du repos hebdomadaire, la date et la durée de cette suppression, le nombre d'employés ou d'ouvriers auxquelles elle s'applique, ainsi que les deux jours de repos mensuels qui leur sont réservés;

Modèle de la lettre d'avis

Monsieur l'Inspecteur du Travail à ....

Ayant à faire face en ce moment à un surcroît extraordinaire de travail, j'ai l'honneur de vous informer que je supprime le repos hebdomadaire à *(nombre)* ouvriers .... le ....

Ils auront leur repos pendant le mois aux dates suivantes : ....

Veuillez agréer, etc.

(SIGNATURE.)

2° Afficher dans un endroit apparent de l'établissement une copie de l'avis adressé à l'Inspecteur du Travail. Cette affiche doit être maintenue pendant toute la durée de la dérogation.

ÉTABLISSEMENTS DE L'ÉTAT. TRAVAUX INTÉRESSANT LA DÉFENSE NATIONALE

Dans les établissements soumis au contrôle de l'Etat, ainsi que dans ceux où sont exécutés des travaux pour le compte de l'Etat et dans l'intérêt de la défense nationale, les ministres intéressés peuvent suspendre le repos hebdomadaire quinze fois par an.

CAS D'ABSENCE DU PATRON

En cas d'absence du patron, par exemple pour une période d'instruction militaire, l'un des employés peut être, pendant l'absence du chef d'établissement, considéré comme gérant et il n'est pas astreint à l'obligation du repos.

Il est nécessaire dans ce cas de prévenir à l'avance l'Inspecteur du Travail.

CAS NON PRÉVUS OU NON SPÉCIFIÉS DANS LA LOI

Toutes les circonstances pouvant motiver soit la suppression du repos, soit un changement dans le système de repos, n'ayant pu être prévues à l'avance par la loi ou les règlements d'administration publique, les chefs d'entreprise qui croient se trouver dans une situation particulière, légitimant une dérogation, doivent en informer à l'avance l'Inspecteur du Travail ; ce fonctionnaire leur fournira tous les renseignements nécessaires.

EXPOSITIONS — INVENTAIRES

Pour la préparation des expositions de saison, telles que les pratiquent les grands magasins, le repos hebdomadaire peut être réduit à une demi-journée. Cette réduction ne concerne ni les enfants de moins de 18 ans ni les filles mineures et n'est applicable que dans les magasins qui donnent le repos toute la journée du dimanche.

Pour les inventaires, le repos peut être supprimé une ou deux fois par an dans les magasins qui donnent le repos collectif, mais la vente au public devra être interrompue et les employés ne devront être occupés qu'au travail d'inventaire.

Dans ces deux cas, il est nécessaire de prévenir à l'avance l'Inspecteur du Travail.

Réduction du Repos hebdomadaire à une demi-journée. Nettoyage et conduite des Machines motrices

Dans tout établissement qui donne le repos hebdomadaire *le même jour à tout le personnel,* le repos peut être réduit à une demi-journée pour les personnes employées à la conduite des générateurs et des machines motrices, au graissage et à la visite des transmissions, au nettoyage des locaux industriels, magasins ou bureaux, ainsi que pour les gardiens et concierges.

Cette dérogation n'est pas applicable aux enfants de moins de 18 ans et aux filles mineures.

CHAPITRE TROISIÈME

CONTROLE DU REPOS HEBDOMADAIRE — PENALITES

Obligations des Patrons au point de vue du contrôle

REPOS DU DIMANCHE DE MINUIT A MINUIT

Lorsque le repos est donné à tout le personnel le dimanche de minuit à minuit, les patrons ne sont tenus d'apposer aucune affiche ni de tenir aucun registre. (1)

REPOS COLLECTIF UN AUTRE JOUR QUE LE DIMANCHE DE MINUIT A MINUIT

Lorsque le repos est donné collectivement à tout ou partie du personnel, soit un autre jour que le dimanche, soit du dimanche midi au lundi midi, soit le dimanche après-midi avec repos compensateur, soit suivant tout autre mode exceptionnel accordé par la loi ou par autorisation préfectorale, **des affiches** doivent indiquer les jours et heures du repos collectif ainsi donné. (2)

L'affiche doit être facilement accessible et lisible et le patron

(1) Faute d'affiche ou de registre, le repos est censé être donné le dimanche et l'emploi d'ouvriers ou d'employés ce jour-là constitue une contravention.

(2) Même observation.

est tenu d'en envoyer un duplicata **avant sa mise en service** à l'Inspecteur du Travail.

Modèle d'Affiche

ÉTABLISSEMENT DE M...........

Le repos des Employés a lieu le..............

REPOS PAR ROULEMENT

Lorsque le repos n'est pas accordé collectivement à tout le personnel, soit pendant la journée entière du dimanche, soit sous l'une des autres formes prévues par la loi, **un registre spécial** doit mentionner les noms des employés et ouvriers soumis à un régime particulier de repos et **indiquer ce régime.** En ce qui concerne chacune de ces personnes, le registre doit faire connaître le jour et éventuellement les fractions de journées choisies pour son repos.

Les employés ou ouvriers récemment embauchés doivent être inscrits sur le registre dans un délai de **six jours.** Jusqu'à l'expiration de ce délai, et, à défaut d'inscription sur le registre, il ne peut être réclamé par les agents chargés du contrôle qu'un cahier régulièrement tenu portant l'indication du nom et de la date d'embauchage de l'ouvrier ou employé. **Le registre doit être tenu constamment à jour.**

Modèle de Registre

Semaine du .... au ....

NOMS DES EMPLOYÉS ou Ouvriers	Dimanche	Lundi	Mardi	Mercredi	Jeudi	Vendredi	Samedi	SIGNATURE
PAUL......		X						
PIERRE....	Soirée	Matinée						
ANDRÉ.....		X						
JACQUES...			X					
JEAN......	X							
ANTOINE...					X			

Le registre doit être établi *avant le commencement de la semaine* et indiquer à l'avance le repos de chacun des employés.

Le registre reste à la disposition des agents chargés du contrôle et doit être communiqué aux employés et ouvriers qui en font la demande.

Nous recommandons aux patrons de faire signer le registre par leurs employés. Cette mesure qui n'a aucun caractère obligatoire est de nature à éviter toutes difficultés et à trancher toutes contestations, s'il venait à s'en produire.

ETABLISSEMENTS DONNANT LE REPOS COLLECTIVEMENT A UNE PARTIE DU PERSONNEL & PAR ROULEMENT A L'AUTRE PARTIE

Lorsque le repos hebdomadaire est donné collectivement à une partie du personnel et par roulement à l'autre partie, les patrons sont soumis à la formalité des affiches en ce qui concerne le repos collectif et aux obligations de la tenue du registre en ce qui concerne le repos par roulement.

Tous les employés non inscrits sur le registre sont soumis au régime indiqué par l'affiche.

CHANGEMENT DES JOURS DE REPOS

Il est souvent nécessaire de changer, par suite d'une circonstance fortuite (fête, foire, etc., etc.), le jour de repos habituellement accordé aux employés, pour le reporter à un autre jour de la semaine.

Les formalités sont différentes suivant que le repos est donné collectivement ou par roulement.

1° **Repos collectif.** — Les patrons n'étant soumis qu'aux obligations inscrites sur leur affiche, il suffit que l'affiche mentionne à l'avance le jour qui sera **réellement accordé dans la semaine.**

Aucun changement ne peut être fait lorsque le repos a été fixé par autorisation préfectorale du dimanche midi au lundi midi. Si le repos a été fixé le dimanche après-midi avec repos compensateur par semaine ou quinzaine, on ne peut changer que la date du repos compensateur, le repos de l'après-midi du dimanche étant immuable.

L'envoi d'un duplicata de l'affiche étant obligatoire avant sa mise en service, il est nécessaire de prévenir l'Inspecteur du Travail du changement du jour de repos.

2° **Repos par roulement.** — Les patrons n'étant soumis qu'aux obligations inscrites sur leur registre, il faut et il suffit que le registre mentionne à l'avance les différents jours qui seront **réellement accordés aux employés.**

Il n'est pas nécessaire de prévenir l'Inspecteur du Travail, et ce fonctionnaire, dans ses visites de contrôle, n'aura qu'à vérifier si le repos est donné conformément au régime indiqué sur le registre.

Pénalités

Les chefs d'entreprise, directeurs ou gérants qui auront contrevenu aux prescriptions de la loi, sont passibles d'une amende de cinq à quinze francs (5 à 15).

L'amende sera appliquée autant de fois qu'il y aura de personnes employées dans des conditions contraires à la loi, sans toutefois que le maximum puisse dépasser 500 francs.

En cas de récidive, le contrevenant est poursuivi devant le tribunal correctionnel et puni d'une amende de 16 à 100 francs.

Il y a récidive lorsque, dans les douze mois antérieurs au fait poursuivi, le contrevenant a déjà subi une condamnation pour une contravention identique.

Est puni d'une amende de 100 à 500 francs quiconque aura mis obstacle à l'accomplissement du service d'un Inspecteur. En cas de récidive dans les délais spécifiés ci-dessus, l'amende sera portée de 500 à 1.000 francs.

(Le défaut d'affiche ou de registre ainsi que leur tenue irrégulière peuvent être considérés comme un obstacle à l'accomplissement du service d'un Inspecteur).

Les dispositions de l'article 463 du Code Pénal sur les circonstances atténuantes sont applicables aux condamnations prononcées en vertu de la loi du 13 Juillet 1906.

APPENDICE

Adresses des Inspecteurs du Travail

1re Circonscription (Seine, Seine-et-Marne, Seine-et-Oise)

Inspecteur divisionnaire : M. Boulisset, 10, rue Bouchut, à Paris.

Inspecteur chargé du contrôle : M. X..., à Paris.

Inspecteurs départementaux : MM. Hemon, 75, rue Blanche ; Touchais, 14, rue de Turin ; Guilain, 10, avenue de Villiers ; Delle, 24, rue de Condé ; Lenoury, 37, rue Claude-Bernard ; Henry, 6, rue Bréguet ; Trevis, 56, rue Raynouard ; Chevalier, 16, rue Boulay ; Bourceret, 50, rue Fabert ; Ploquin, 252, boulevard Saint-Germain ; De Friedberg, 40, rue Madame ; Seguin, 28, rue du Château, à Boulogne-sur-Seine ; Chardenal, 1, rue Gide, à Levallois-Perret ; Lebrun, 20, rue Guérin, à Charenton ; Zacon, 49, rue des Gaulois, à Juvisy ; Drancourt, 68, avenue de Saint-Ouen, à Paris ; Cavalié, 16, rue des Fossés-Saint-Jacques, à Paris ; Auribault, 45, avenue Reille, à Paris ; Harlé, 10, rue Deguerry, à Paris ; Bris, 33, rue Royale, à Versailles ; Frois, à Paris.

Inspectrices départementales. — Mme Letellier, 27, rue d'Enghien ; Mlle Boistel, 7, rue Victor-Considérant ; Mme Paitre, 26, rue Vaneau ; Mme Thibault, 10 *bis*, rue Piccini ; Mme Courtet, 5, rue Guilhem ; Mme Prévost, 44, rue de La Tour-d'Auvergne ; Mlle Durand, 1, rue de Fleurus ; Mlle Desvignes ; Mlle Dourlen, 9, rue de Châteaudun ; Mme Coindre, 5 *bis*, avenue Philippe-le-Boucher, à Neuilly-sur-Seine ; Mlle Trohel, 5, rue du Bouquet-de-Longchamp ; Mlle Julien, 5, rue Bellart.

2e Circonscription (Loiret, Cher, Loir-et-Cher, Indre, Allier, Creuse, Haute-Vienne, Vienne)

Inspecteur divisionnaire : M. Despaux, 25, cours Bugeaud, à Limoges.

Inspecteurs départementaux : MM. Bacquias, 104, rue Dauphine, à Orléans ; Bouffartigue, 24, rue J.-J.-Noirmant, à Tours ; Aubertie, 32, rue Cornet, à Poitiers ; Ch. Henry, 5 *bis*, boulevard Carnot, à Limoges ; Pallaud, 6, rue Saint-Jean, à Montluçon ; Bacquié, 17, rue de Marmagne, à Bourges ; Costes, route de Bourges, à Vierzon-Village.

3e Circonscription (Yonne, Nièvre, Aube, Haute-Marne, Côte-d'Or, Haute-Saône, Territoire de Belfort, Doubs, Jura, Saône-et-Loire)

Inspecteur divisionnaire : M. JACQUES, 7, rue de l'Ecole-de-Droit, à Dijon.

Inspecteurs départementaux : MM. THIBAUT, 9, rue du Général-Sorbier, à Nevers; HUBERT, 20, rue des Filles-Dieu, à Troyes; BERTHIOT, 52, rue Devosges, à Dijon; GAILLOT, 5, rue Kléber, à Belfort; MARTIN, 46, rue de Belfort, à Besançon; BASTIAN, 20, avenue de la Gare, à Chalon-sur-Saône.

4e Circonscription (Aisne, Ardennes, Marne, Meuse, Meurthe-et-Moselle, Vosges

Inspecteur divisionnaire : M. GRÉGOIRE, 19, rue Isabey, à Nancy.

Inspecteurs départementaux : MM. MEURDRA, 17, rue Antoine-Lécuyer, à Saint-Quentin; MORIN, 14, boulevard Michelet, à Laon; MOREAU, 214, avenue de Laon, à Reims; POUILLOT, 15, rue de la Tirelire, à Reims; CÉSAR, 3, avenue de Charleville, à Mézières; PY, 12, boulevard Hippolyte-Faure, à Châlons-sur-Marne; SAMSON, 11, rue Voltaire, à Bar-le-Duc; CHEVALIER, 48, rue Félix-Faure, à Nancy; CHÉRY, 26, rue Sainte-Marie, à Nancy; MONGEL, 36, rue de Nancy, à Epinal.

5e Circonscription (Nord, Pas-de-Calais, Somme)

Inspecteur divisionnaire : M. BOULIN, 65, rue d'Esquermes, à Lille.

Inspecteurs départementaux : MM. GILLET, 25, rue André, à Lille; BARGERON, 12, rue Duhem, à Lille; ROBERT, 36, rue Franklin, à Roubaix; BOILEAU, 1, place de la Gare, à Tourcoing; LAVOISIER, 76, boulevard Saly, à Valenciennes; ROTH, rue des Pétries, à Maubeuge; LEVESQUE, 40, place d'Armes, à Cambrai; LEVÈQUE, 13, rue Lavisse, à Douai; CRISTOL, 7, avenue Kléber, à Dunkerque; GERVOIS, quai du Rhin, à Calais; CAMPREDON, 80, rue Brecquerecque, à Boulogne-sur-Mer; VASSEUR, 25, rue Emile-Lenglet, à Arras; MONCÉ, 40, rue Latour, à Amiens.

Inspectrice départementale : Mlle LEVÊQUE, 6, rue Catel-Béghin, à Lille.

6e Circonscription (Oise, Seine-Inférieure, Eure-et-Loir, Orne, Calvados, Manche)

Inspecteur divisionnaire : M. JARACZEWSKI, 1, rue du Pérou, à Rouen.

Inspecteurs départementaux : MM. DUVAL, à Creil; DELASTRE, 3, boulevard Saint-André, à Beauvais; MAGNIER, 5, rue des Sapins, à Rouen; FONTAINE, 30, boulevard de Strasbourg, au Havre; POUYANNE, 5, rue Grémont, à Elbeuf; BAILLY, 20, rue de Varize, à Chartres; CHATELARD, 34, rue des Jacobins, à Caen.

Inspectrice départementale : Mme LACROIX, 4, rue Descamps, à Rouen.

7e Circonscription (Sarthe, Mayenne, Ille-et-Vilaine, Côtes-du-Nord, Finistère, Morbihan, Loire-Inférieure, Maine-et-Loire, Vendée, Deux-Sèvres).

Inspecteur divisionnaire : M. Le Gouis, 23, avenue de Launay, à Nantes.

Inspecteurs départementaux : MM. Genet, 16, rue des Plantes, au Mans ; Messac, 70, rue de Bootz, à Laval ; Grillet, boulevard Laennec, à Rennes ; Rochard, 29, rue Kérivin, à Brest : Hoizey, 35, rue Paul-Bert, à Lorient ; Aupetit, 2 *bis*, rue Dobrée, à Nantes ; Becret, 12, rue d'Anjoutin, à Angers ; Fauquet, 26, rue de l'Arsenal, à Niort.

Inspectrice départementale : Mme Bécam, avenue aux Roses, à Nantes.

8e Circonscription (Charente-Inférieure, Gironde, Lot-et-Garonne, Landes, Gers, Basses-Pyrénées, Hautes-Pyrénées, Charente, Dordogne, Corrèze, Lot).

Inspecteur divisionnaire : M. Gouttes, 66, rue Eugène-Ténot, à Bordeaux.

Inspecteurs départementaux : MM. Segui, 5, rue de Caudérès, à Bordeaux ; Caïre, 154, rue de Bègles, à Bordeaux ; Marty, chemin Courpian (villa Jasmin), à Agen ; Marin, 25, rue Bourbaki, à Pau ; Galinou, 30, rue Vigier-de-la-Pille, à Angoulême ; Chastagnol, 6, avenue de la Gare, à Cahors.

9e Circonscription (Aude, Pyrénées-Orientales, Aveyron, Hérault, Cantal, Tarn, Lozère, Haute-Garonne, Tarn-et-Garonne, Ariège)

Inspecteur divisionnaire : M. Herbo, à Toulouse.

Inspecteurs départementaux : MM. Fabre, 12, rue du Palais, à Carcassonne ; Mestre, 8, rue Levat, à Montpellier ; Laurent, rue Camille-Douls, à Rodez ; Cavaillé, 48, avenue du Sidobre, à Castres ; Pech, 32, rue Volta, à Toulouse ; Foissac, 12, avenue de Paris, à Toulouse.

10e Circonscription (Bouches-du-Rhône, Var, Alpes-Maritimes, Corse, Vaucluse, Basses-Alpes, Drôme, Hautes-Alpes, Gard, Ardèche).

Inspecteur divisionnaire : M. Lagard, 135, boulevard de Longchamps, à Marseille.

Inspecteurs départementaux : MM. Bellon, 25, boulevard du Chemin-de-Fer, à Marseille ; Capoduro, 84, boulevard de Longchamps, à Marseille ; Villard, 69, rue George, à Marseille ; Caron, 277, route de la Valette, à Toulon ; Wermann, 5, rue Michelet, à Nice ; Blanc, 10, rue Saint-Georges, à Avignon ; Lenoble, rue Thiers, à Valence ; Proux, 21, rue de la Servie, à Nîmes ; Bauduin, 9, place Victor-Hugo, à Privas.

Inspectrice départementale : Mlle Sénèque, 97, boulevard de Longchamps, à Marseille.

11e Circonscription (Rhône, Isère, Ain, Haute-Savoie, Savoie, Puy-de-Dôme, Loire, Haute-Loire)

Inspecteur divisionnaire : M. Barral, 28, quai de la Guillottière, à Lyon.

Inspecteurs départementaux : MM. Fayard, 146, rue de Créqui, à Lyon ; Béquet, 84, rue de la Charité, à Lyon ; Perbost, 1, rue Mazard, à Lyon ; Charassin, 30, place Bellecour, à Lyon ; Beauquis, 24, cours Berriat, à Grenoble ; Gros, 10, rue des Ecoles, à Chambéry ; Perret, 38, cours Fauriel, à Saint-Etienne ; Fournereaux, 8, place Paul-Bert, à Saint-Etienne ; Devaud, 15, place du Palais de Justice, à Roanne ; Tourrette, 60, rue Terrasse, à Thiers ; Caubet, 12, rue Morel-Ladeuil, à Clermont-Ferrand.

Inspectrice départementale : Mme De la Ruelle, 16, rue Victor-Hugo, à Lyon.

TABLE ANALYTIQUE

DES

Différents modes de Repos prévus par la Loi

TABLE DES MATIÈRES

LOI SUR LE REPOS HEBDOMADAIRE

Registre de Roulement

établi conformément à la loi du 13 Juillet 1906
et aux règlements d'administration publique
avec une notice pour sa tenue
et un modèle pour l'inscription régulière des employés et ouvriers

PRIX franco : 0 fr. 25

www.ingramcontent.com/pod-product-compliance
Ingram Content Group UK Ltd.
Pitfield, Milton Keynes, MK11 3LW, UK
UKHW020423220726
13923UKWH00005B/2113

9 782019 238032